AF266334

DISCOURS

DE

M. LÉON RENAULT

PRÉSIDENT

9 JANVIER 1878

VERSAILLES

CERF ET FILS, IMPRIMEURS-ÉDITEURS

59, RUE DUPLESSIS, 59

1878

RÉUNION

DU

CENTRE GAUCHE

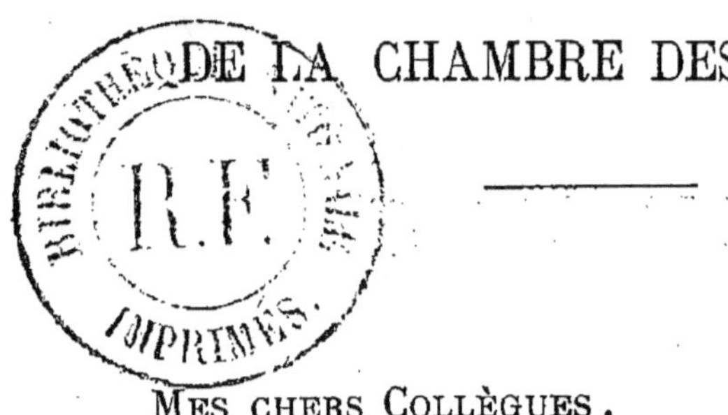

DE LA CHAMBRE DES DÉPUTÉS

9 janvier 1878.

Mes chers Collègues,

En me choisissant pour remplacer notre ami M. de Marcère dans la présidence de vos délibérations, vous m'avez accordé un témoignage d'estime et de sympathie dont j'ai été profondément touché.

Je vous en remercie tous : mais je vous demande la permission d'adresser plus spécialement l'expression de ma reconnaissance à ceux de nos collègues qui, plus anciens, plus méritants et plus désignés que moi, ont oublié leurs droits pour me recommander à vos suffrages.

J'estime que mon premier devoir, au moment où je prends possession des fonctions dont vous m'avez imposé la charge en même temps que conféré l'honneur, est de vous faire connaître mes vues sur le rôle que le Centre Gauche est appelé à jouer pendant le cours de cette session, et sur les services qu'il lui appartient de rendre à la cause de la République, désormais confondue avec celle même de la France.

Pour se rendre un compte exact de ce que peuvent et doivent être ce rôle et ces services, il convient de nettement déterminer quelle est la situation politique du pays à l'heure actuelle, au lendemain de l'épreuve qui s'est terminée par le triomphe des libertés publiques et la victoire de la nation.

Après les funestes revers que l'Empire avait attirés sur la France, la République a été établie en fait ; mais elle est restée pendant plusieurs années privée de l'autorité qui s'attache au gouvernement de droit.

Il était permis de prétendre, et beaucoup soutenaient qu'elle n'existait qu'à titre provisoire et qu'elle devait un jour ou l'autre céder la place à un système monarchique plus conforme aux traditions et aux besoins de notre patrie.

Ce sera, devant l'histoire, l'éternel honneur des hommes qui ont constitué le Centre Gauche dans l'Assemblée Nationale d'avoir compris, dès le premier jour, qu'il fallait voir dans la république, non point un accident sans avenir, mais un régime nécessaire, le seul qui pût permettre à la démocratie française de s'organiser dans les conditions qui sont indispensables à l'existence des nations.

La clairvoyance supérieure de l'illustre homme d'Etat que la France avait mis à la tête de ses affaires, et dont elle pleure aujourd'hui la perte, avait discerné cette vérité qui allait servir de point de ralliement aux membres du Centre gauche de l'Assemblée Nationale.

Ce n'est pas un médiocre mérite, quand on a vécu longtemps dans un parti, quand on est enserré et comme pénétré par ses préjuges, ses passions, ses intérêts et ses idées, que de s'en détacher sous l'empire de considérations exclusivement tirées du bien public et de l'amour du pays.

Ce mérite, M. Thiers et les hommes qui ont suivi ses patriotiques inspirations l'ont eu à un degré éminent. Par leurs origines, par leur existence passée, ils appartenaient presque tous au parti de la monarchie constitutionnelle ; ils avaient vu sa chute en 1848 avec une tristesse profonde, et, au milieu des angoisses que leur causait la funeste politique de l'Empire, ce n'était pas du côté des institutions républicaines que se tournaient leurs espérances.

Le compromis tenté en 1830, entre les traditions royales et le droit populaire, avait gardé leur préférence.

Cependant, quand l'Empire se fut écroulé, en présence de l'abîme ouvert par cet effondrement, se rendant mieux compte de la révolution profonde accomplie dans notre état social par l'établissement du suffrage universel, mesurant toute la puissance des forces qui s'agitent dans le sein d'une démocratie, ils surent reconnaître l'impossibilité de contenir, de diriger et de régler la marche des affaires publiques avec l'appareil ingénieux et délicat qui avait suffi de 1830 à 1848.

Il leur parut que la France ne pouvait plus qu'opter entre la république et la dictature ; qu'il fallait qu'elle fût, ou une démocratie faisant elle-même ses affaires, ou une plèbe abdiquant entre les mains d'un maître qui, pour la dominer, la frappe, la corrompt ou la flatte tour à tour.

Comme c'étaient des cœurs élevés, des esprits libres, des consciences droites, leur choix ne pouvait être douteux.

Avec l'autorité qui s'attachait à leur situation sociale, à leur fortune, à leurs lumières, ils s'interposèrent, à titre de conciliateurs, entre l'ancien parti républicain et cette masse de la nation qui n'a pas de parti-pris en politique, mais qui exige qu'un gouvernement, quels que soient son nom et sa forme, assure la sécurité, la paix, la protection contre l'injustice et l'exercice des droits de chacun.

A l'ancien parti républicain, ils déclarèrent que l'heure était venue de renoncer aux procédés révolutionnaires, à l'esprit et aux pratiques de l'opposition absolue, à la prétention d'obtenir d'un seul coup la réalisation de toutes les parties d'un programme politique ; qu'il était tenu, en un mot, de devenir un parti de gouvernement.

A la masse de la nation, ils dirent avec une loyale sincérité qu'il fallait renoncer aux préjugés contre la république ; que, malgré leur mobilité apparente, et à raison même de cette mobilité, les institutions républicaines pouvaient être la garantie la plus efficace de l'ordre, le plus puissant obstacle à ces crises révolutionnaires et violentes qui suspendent le travail et anéantissent l'épargne, en même temps que la meilleure sauvegarde contre l'esprit d'aventure qui entraîne à la recherche de la victoire et conduit aux hideuses réalités de la défaite et de l'invasion.

Ils ont eu cette heureuse fortune d'être entendus et compris des deux côtés à la fois.

Ce serait méconnaître l'évidence que de nier les modifications profondes, qui, sous l'influence de ces gens de bien, se sont produites, depuis 1871, dans les idées et dans les habitudes de l'ancien parti républicain en même tempsque dans celles du pays, et qui ont fait tomber les vieilles barrières qui se dressaient entre la France et la République.

Les événements qui ont suivi la démission de M. Thiers, l'impuissance où les partis monarchiques se sont trouvés de renverser la république parce qu'ils ne pouvaient rien lui substituer, ont démontré la justesse des vues de ceux qui, dès 1871, avaient, dans le Centre Gauche de l'Assemblée Nationale, pris l'attitude dont je viens de résumer les traits essentiels.

Loin d'entraîner la chute de la République, le remplacement de M. Thiers par M. le maréchal de Mac-Mahon devait puissamment contribuer à son établissement définitif, en forçant tous les esprits sincères à reconnaître que les obstacles à une restauration monarchique venaient, non des dispositions d'un homme et des vues de ses ministres, mais de la nature même des choses, qui domine toutes les volontés particulières et a raison de toutes les résistances individuelles.

Aussi est-ce surtout à partir du 24 mai 1873, que s'est déterminé dans la nation le courant d'opinion qui, après avoir arraché à l'Assemblée nationale l'établissement légal du gouvernement républicain, a marqué sa puissance dans les élections du 20 février 1876 et rendu invincible la résistance du pays à l'entreprise que les ministres du 18 mai ont engagée contre les droits et les intérêts dont la République est l'expression et la garantie.

Cette entreprise a coûté bien cher à la France ; elle lui a imposé de cruels sacrifices ; elle l'a soumise à de rudes angoisses ; mais il ne faut pas regretter qu'elle se soit produite, car elle a fait éclater aux yeux du monde, elle nous a prouvé à nous-mêmes que la France avait acquis des qualités nouvelles, qu'elle avait, sous l'influence des institutions républicaines, pris les mœurs et les vertus qui rendent les peuples dignes d'être libres.

On a vu pour la première fois cette pauvre nation, blessée, atteinte dans tous les biens qui lui tiennent le plus au cœué, ne se tourner pour les défendre que du côté des lois, mettre en elles seules sa confiance, estimer que ni la violence ni la ruse ne prévaudraient contre elles, les respecter toutes, même dans l'entraînement du combat, craindre enfin de diminuer leur autorité et d'abaisser leur majesté en recourant à des moyens qui ne leur auraient pas été empruntés.

L'exaltation même de la victoire n'a pu troubler cette sagesse, et les parties menacées de notre Constitution ont été sauvées sans que les autres aient été atteintes.

Le suffrage universel a redressé tous les torts, sans tomber lui-même dans aucune violence ; il a ramené chacun à l'obéissance sans prétendre asservir personne ; la majorité républicaine de la Chambre des Députés est revenue reprendre le cours interrompu de son mandat sans qu'aucun des pouvoirs donnés par la Constitution au Président de la République et au Sénat aient été menacés ou atteints.

C'est de ce triomphe, remporté par la fermeté, la patience et le bon sens du pays, que la Chambre des Députés, élue par lui, a le devoir de garder les résultats et de tirer les conséquences.

Pour y parvenir, il faut que la majorité républicaine de cette Chambre se pénètre bien des convictions et des espérances qui ont inspiré la victorieuse résistance du pays.

Ce que la France a entendu défendre contre une politique sans mesure et sans but, c'est son repos autant que sa dignité, sa sécurité autant que son honneur.

Ce n'est qu'à la condition de prendre un égal souci de ces grands intérêts en gardant à la république son caractère conservateur, en lui maintenant une allure toujours progressive et jamais révolutionnaire, que nous répondrons à l'attente du corps électoral dont nous sommes les représentants.

Toutes les fractions du parti républicain ont les mêmes devoirs et les mêmes responsabilités vis-à-vis du pays.

Elles resteront fidèles, j'en ai la ferme espérance, à l'esprit d'union et de discipline qui a inspiré tous leurs actes depuis le 16 mai ; ce jour-là, elles se sont rapprochées et pour ainsi dire soudées dans une même volonté.

En leur imposant des délibérations et des résolutions

communes, en les obligeant à confondre leurs rangs jusque-
là distincts, le ministère de Broglie a établi entre elles la
fraternité du champ de bataille, cet indestructible fonde-
ment de l'unité des partis comme des peuples, car le par-
tage du péril, la nécessité de l'assistance réciproque, les
tourments de la lutte, les joies du triomphe font en quelques
semaines ce que des années de paix et de tranquillité n'auraient pas suffi à achever.

Tous les membres républicains de l'Assemblée seront
unanimes à vouloir garder un bien si précieux et qui a été
payé d'un tel prix !

Ils veilleront à ce que les préjugés disparus ne renaissent
pas, à ce que les défiances évanouies n'aient pas l'occasion
de se raviver, à ce que l'esprit de sacrifice mutuel au bien
commun, au salut de la République et de la France, ne s'af-
faiblisse et ne s'éteigne pas.

Les ennemis de tout ce qui nous est cher sauraient bien
vite profiter de la moindre discorde qui s'élèverait dans
nos rangs. C'est notre entente sur laquelle ils ne comptaient
pas, et qu'ils ont tout fait pour briser, qui a assuré la
défaite de leur coalition. Leurs discordes n'auraient pas
suffi sans notre accord.

Cet accord, sauvegardons-le soigneusement, car la situa
tion a encore bien des difficultés, et rien ne serait plus
dangereux qu'une illusion qui ne permettrait plus aux
membres de la majorité républicaine de voir quels écueils
restent à franchir, quels caps il faut doubler encore avant
d'arriver au port.

Certainement, c'est une chose considérable que d'avoir
entendu proclamer à la tribune, dans un Message qui
honore à la fois celui au nom duquel il a été lu et ceux qui
le lui ont inspiré, les véritables principes d'un gouvernement parlementaire et républicain ; c'est un autre succès.
non moins important que de voir pour la première fois des
hommes appartenant à toutes les nuances de l'opinion républicaine appelés à concourir à la constitution de l'adminis-
tration politique du pays.

Mais il ne suffit pas que la Républipue se trouve entre

les mains des républicains, qu'on en ait fini avec la chimérique formule de la République sans républicains. Il faut que le parti auquel est remise, après tant de refus et de contestations, la réalité du pouvoir, pour lequel commencent aujourd'hui les responsabilités qui s'attachent à la disposition de la puissance publique, fasse ses preuves en tant que parti de gouvernement.

Ses adversaires sont tout prêts à l'accuser d'incapacité, à s'emparer de ses moindres fautes pour essayer de lui ravir la faveur de l'opinion et de lui dérober les fruits des dernières victoires qu'il a remportées devant elle.

Ils auraient quelque peine à y réussir.

L'énergie avec laquelle le pays vient de lutter pour la République prouve bien en effet, qu'elle a pris possession du cœur, de la conscience et de la raison de la grande majorité des Français.

Mais il serait imprudent d'oublier que la France est devenue une nation pratique, politique, mettant l'expérience bien au-dessus de la logique, tenant plus de compte des faits que de la théorie.

Ce serait se mettre en contradiction avec la vérité que de ne pas reconnaître que ce qui a rendu la République populaire, c'est la paix conclue ; la Commune écrasée ; le crédit public rétabli ; le territoire délivré ; l'activité rendue au travail national ; l'épargne reconstituée ; l'ordre matériel mieux assis que jamais ; les complots, les attentats, les séditions disparus ; la participation aux délibérations des assemblées communales, départementales et nationales de tous ceux qui s'élevaient par le labeur ; l'économie et l'instruction faisant pénétrer sans violences et sans secousses l'esprit démocratique dans la gestion des affaires publiques ; les relations avec les puissances étrangères inspirées par un respect sincère des traités et par des vues nettement pacifiques.

N'est-ce point dire assez que, pour garder à notre République les adhésions qui lui ont permis de naître et de s'enraciner si vite dans le sol national, pour préparer la chute des derniers obstacles qui entravent encore son épanouissement, le ministère du 14 décembre et la majorité qu'il représente au pouvoir doivent avoir comme souci principal d'accroître et de rendre plus sensibles encore dans leurs effets les avantages que la France a dus, depuis sept années, au régime républicain ?

Le cabinet que préside M. Dufaure, qui a toutes nos sympathies, qui a droit à tout notre dévouement, doit suffire à une tâche difficile.

Il faut qu'il passe entre deux écueils. S'il se décide à proposer les réformes qu'implique l'établissement d'un régime vraiment républicain, il est exposé à rencontrer de la part du Sénat une opposition systématique et à essuyer des échecs qui affaibliront sa situation et encourageront peut-être les mauvais desseins de ceux qui croient à la possibilité d'un nouveau 16 mai.

Si, comprenant ces dangers, il s'abstient de proposer des lois réformatrices, il peut craindre d'être accusé par le parti républicain d'indifférence pour une partie des grands devoirs que les circonstances actuelles semblent imposer aux détenteurs de l'autorité.

Il peut redouter, d'ailleurs, que l'initiative individuelle des membres de la Chambre des Députés le place trop souvent entre le désir qu'il aurait de la favoriser et la crainte que son concours ne lui crée devant le Sénat les embarras que son abstention avait pour but d'éviter.

Le patriotisme de la Chambre, son intelligence des intérêts essentiels de la République, devront permettre au cabinet de marcher sans encombre au milieu de ces périls contraires.

Il serait certainement désirable que les prérogatives nécessaires de l'Etat en matière d'enseignement pussent lui être immédiatement restituées ; que notre législation de la presse, des associations et des réunions fût révisée ; que l'organisation des grands services publics subît des modifications qui devront la mettre en harmonie avec les principes fondamentaux de notre Constitution. Mais il y aurait quelque puérilité et une véritable imprudence à ne pas ajourner ces réformes indispensables jusqu'à l'heure prochaine où le pays aura donné au parti républicain la majorité dans le Sénat, comme il la lui a procurée dans la

Chambre des Députés, dans les Conseils généraux et dans les Conseils municipaux.

L'union étroitement maintenue des diverses fractions de la gauche contribuera certainement à inspirer à tous nos collègues une patience nécessaire à la bonne conduite des affaires de la République.

Le Centre Gauche devra s'employer d'une façon toute particulière à prévenir, sur ce point si important, toute mésintelligence entre le cabinet de la majorité. Ne jamais laisser ignorer aux ministres les impressions, les désirs, les craintes de la Chambre ; se faire dans les délibérations intérieures de l'Assemblée l'interprète affectueux et conciliant des pensées et des résolutions du Gouvernement, tel devra être son rôle.

Son honneur et son intérêt politique exigent qu'il n'en néglige aucune partie.

Il restera d'ailleurs au ministère un large champ de satisfaction à accorder au parti républicain.

Il aura, par des choix réfléchis et bien concertés, par des instructions fermes, suivies de sanctions positives, à faire pénétrer dans le monde des fonctionnaires de tout ordre et de tout rang l'idée qu'ils sont tenus de servir fidèlement la République.

Il leur apprendra ou leur rappellera que, pour administrer sous un Gouvernement républicain, il faut avoir le constant souci de faire profiter le régime qu'on sert du bien qu'il procure par votre intermédiaire aux populations ; que, pour rendre dignement la justice, il faut professer un respect sincère pour la constitution des pouvoirs au nom desquels on prononce sur tous les intérêts et sur tous les droits des citoyens ; que, lorsqu'on est appelé à l'honneur de représenter notre pays auprès des Gouvernements étrangers, on doit saisir toutes les occasions de leur faire entendre que la politique extérieure de notre République donne à l'Europe cette triple garantie, qu'elle est à la fois indépendante des doctrines ultramontaines, opposée à l'esprit d'usurpation et de conquête, et hostile aux détestables traditions de la propagande socialiste et révolutionnaire.

Le cabinet saura aussi veiller à ce que notre armée soit réellement tenue en dehors des luttes politiques, et si parmi ceux qui ont été placés à sa tête il en était qui eussent oublié, sous l'influence des entraînements de l'esprit de parti, que nos vaillants soldats ne doivent jamais être détournés de leur sainte mission de défenseurs de la patrie et des lois, il n'hésiterait pas à leur enlever le commandement dont ils auraient méconnu les devoirs.

Cette action sur le personnel administratif, judiciaire et militaire, n'absorbera pas à ce point l'attention du Gouvernement, qu'il ne puisse la porter en même temps sur des questions qui ne sont pas moins pressantes et qui ne touchent pas à des intérêts matériels et moraux d'un ordre moins considérable.

Si l'Empire, malgré sa fin désastreuse, a conservé en France une clientèle, ce n'est pas seulement parce qu'il a répété souvent qu'il était un Gouvernement de paix et d'ordre ; c'est surtout parce qu'il est arrivé à persuader à beaucoup de citoyens que le prodigieux développement de la richesse publique qui a coïncidé avec son établissement, devait être attribué à son action et se rattachait à son principe.

Il faut que des faits, qu'il dépend de nous de rendre éclatants et décisifs, viennent convaincre ceux dont la guerre de 1870 et ses effroyables conséquences n'ont pas encore ouvert les yeux.

C'est au ministère actuel et à nous-mêmes qu'il appartient de prouver que la République est seule capable de donner les biens que l'Empire n'avait su que promettre ; qu'elle est la paix sauvegardée contre les entraînements de l'esprit d'aventure et la nécessité d'accroître ou de rétablir par la guerre le prestige dynastique ; qu'elle est l'ordre garanti par la suppression des causes ou des prétextes de révolutions ; qu'elle est la prospérité mise à l'abri des invasions qui enlèvent en trois mois les richesses accumulées par dix-huit années de labeur.

Que le cabinet apporte à la Chambre un programme bien conçu et bien étudié de grands travaux publics, où les millions accumulés par l'activité et par l'épargne nationale, trouveront un fructueux emploi.

Qu'il demande sans hésiter aux représentants du pays les ressources nécessaires pour hâter l'achèvement de nos chemins vicinaux et fournir des subventions suffisantes à l'impatience légitime des communes!

Qu'il résolve dans un esprit d'équité les questions pressantes que soulève la ruine des Compagnies secondaires de chemins de fer, et assure la reprise et la continuation rapide des opérations qui doivent compléter notre réseau de voies ferrées?

Qu'il s'occupe des moyens de remédier à l'insuffisance de notre canalisation, qui est, pour plusieurs de nos industries nationales, une cause permanente de souffrances et d'infériorité!

Le pays, qui sait que les voies et communications créent la richesse, qu'elles sont le stimulant le plus énergique de la production, et qu'elles ajoutent à la valeur des produits du travail en permettant ou en facilitant leur entrée dans la consommation générale, accueillera un tel programme avec une joyeuse reconnaissance.

A ces larges satisfactions données aux besoins matériels de la France, que le cabinet ajoute une impulsion vigoureuse imprimée à l'instruction populaire!

Qu'il nous fasse une république que n'absorbe pas le développement de la richesse nationale, mais qui reste soucieuse d'ennoblir, d'instruire, de hausser intellectuellement et moralement la démocratie qui lui a remis la garde de ses destinées!

Les plans à exécuter sont tout prêts. Notre ami M. Bardoux n'a qu'à prendre, pour les porter sur notre bureau, les sages et larges projets élaborés par notre ami M. Waddington, et dont la dernière crise politique a suspendu la réalisation.

Leur adoption immédiate est certaine; elle permettra d'entrevoir, de préciser le jour où chaque hameau de France aura son école; où le principe de l'obligation de l'instruction primaire pourra être inscrit dans nos lois à côté de celui de la gratuité qui en est la suite nécessaire; où nos écoles normales mettront régulièrement à la disposition du Gouvernement un nombre assez grand de bons instituteurs pour que l'Etat soit en mesure de n'avoir plus à solliciter des concours étrangers dans l'accomplissement de ses obligations d'enseignement et d'éducation.

C'est en passionnant l'opinion publique pour tous ces progrès d'ordres divers, en fournissant aux débats du Parlement tous ces sujets si dignes des représentants d'un riche et noble pays, en même temps qu'il donnera à la France la douce satisfaction des triomphes pacifiques sur lesquels elle peut compter dans le concours auquel elle a, pour cette année, convié toutes les nations, que le cabinet affirmera sa situation devant les Chambres et devant le pays et qu'il s'assurera la décisive influence dont il aura besoin lorsque viendra le jour solennel des prochaines élections sénatoriales.

Il dépend de lui et de nous que l'année prochaine, à pareille date, l'œuvre commencée il y a sept ans, si avancée par le résultat des scrutins du 14 octobre, du 4 novembre et du 6 janvier dernier, soit heureusement achevée, et que les droits conquis par nos pères en 1789 trouvent une garantie définitive dans le jeu régulier d'institutions libres en harmonie avec les intérêts, les besoins et les aspirations de la démocratie française.

Quelle perspective, mes chers Collègues !

Quel encouragement pour notre patriotisme !

Quelle âme vraiment républicaine pourrait trouver un effort trop pénible, ou un sacrifice trop amer, lorsqu'il s'agit d'assurer un tel avenir à notre chère Patrie !

VERSAILLES, IMPRIMERIE CERF ET FILS, RUE DU PLESSIS, 59.